Contenido

1

LA CAPACIDAD DE SUMISIÓN

Se cuenta la historia de dos prisioneros fugados que huían a través de un bosque cuando escucharon a los sabuesos que ladraban a sus espaldas, y se dieron cuenta de que los guardias les pisaban los talones. El primer prisionero se subió a un árbol, intentando despistar a los perros. El segundo decidió hacer lo mismo, y se dirigió corriendo hacia un segundo árbol, al que trepó.

Mientras los dos reos se escondían entre las ramas y escuchaban, los perros se fueron acercando. No pasó mucho tiempo antes de que los tuvieran ladrando al pie del primer árbol donde se había ocultado un prisionero. Como éste pensaba rápido, empezó a cantar: «¡Cu-cú, cu-cú!».

Los guardias apartaron a los sabuesos del árbol diciendo: «¡Venga, vámonos! Solo es un pájaro».

Entonces los guardias llegaron al pie del otro árbol, donde se había ocultado el segundo prisionero. Cuando los perros empezaron a ladrar y a dar saltos bajo el árbol, al reo le entró el pánico. No pensaba tan rápido como el otro fugado, pero había oído cómo su compañero alejaba a los perros imitando a un pájaro, y decidió que él también tendría que hacer el sonido de un animal. Así que, tras pensar un segundo, hizo: «¡Muuu, muuuu!».

Cuando uno no tiene claro qué se supone que debe hacer, acaba haciendo el sonido equivocado en el peor momento y en el lugar erróneo. Hoy día vemos a matrimonios cristianos que hacen mucho ruido, que se quejan de sus cónyuges y de su vida matrimonial, cuando la verdad es que han olvidado los roles que les marca la Biblia y se sienten confusos sobre lo que se supone que deben hacer. Podríamos decir que mugen cuando deberían trinar.

Quiero que sepa, ya de buen principio, que aunque este librito se centra en el papel de la mujer en el hogar, nada de lo que digamos en él va destinado a excusar a los hombres que no cumplen el papel que Dios les dio como esposos. De hecho, cuando expuse este material sobre el matrimonio en nuestra iglesia de Dallas, empecé dirigiéndome primero a los maridos como aquellos a los que se les ordena asumir el liderazgo, y luego hable a las esposas.

Dado que usted no dispone de ese material, se lo resumiré diciendo que la responsabilidad primordial para la salud del matrimonio recae sobre el marido, no sobre la esposa. Es cierto que hay esposas que no cumplen el rol que les ordena la Biblia, pero eso no cambia el hecho de que a los maridos se les encomienda la responsabilidad primaria de asegurarse de que sus matrimonios funcionen según el designio de Dios. Y la mejor manera de hacerlo es tomándose en serio su papel como líderes espirituales.

Les digo esto para que no crean que las mujeres deben asumir la carga principal de la responsabilidad para hacer que sus matrimonios funcionen según el designio de Dios. Muchas mujeres dicen que quieren que sus esposos se suban a la plataforma y asuman el liderazgo en el hogar. Desean verse libres de una carga que saben que no están diseñadas para llevar, y a la que renunciarían alegremente si sus esposos la tomaran sobre sus hombros.

Dado que en *Solo para esposos* ya hablamos con detalle de las responsabilidades que tienen los maridos, aquí quiero centrarme en el rol de las mujeres. En realidad, en Efesios 5:33 se resumen los roles de ambos cónyuges: «Por lo demás, cada uno de vosotros ame también a su mujer como a sí mismo; y la mujer respete a su marido».

Al marido se le ordena que ame a su esposa, y ese amor no depende de sus emociones. A una mujer se le ordena que respete a su marido incluso si, desde su punto de vista, éste no se ha ganado su respeto. Pero hay demasiadas mujeres cristianas que siguen en su matrimonio el modelo de la televisión o de sus amigas, en vez del que ofrece la Palabra de Dios.

Muchas mujeres crecieron en hogares monoparentales, y en un entorno matriarcal sobre el que carecían de control. El problema es que han llegado a pensar que así es como se supone que son las cosas. Puesto que mamá era quien dirigía su hogar, imaginan que, ahora que están casadas, son ellas las que deben dirigir el suyo.

Pero una mujer que intenta hacerse cargo de su matrimonio pisotea el respeto que le debe a su marido según el mandamiento que Dios le ha dado. Muchos hombres hacen un mal papel como maridos, al menos en parte, porque sus esposas no cumplen el estándar que ha marcado Dios.

Por lo tanto, en este librito queremos descubrir qué conlleva el rol bíblico de una mujer, y cuál es el aspecto y la forma de obrar de una mujer cuando cumple su llamado de parte del Señor en relación con su esposo. A lo largo de los tres capítulos siguientes pretendo abordar las siguientes áreas: someterse a su esposo, seducirlo y entregarse a él.

SOMETERSE A SU ESPOSO

Ahora bien, ya sé que cuando muchas mujeres escuchan la temible palabra que empieza por «s» se les dispara la alarma mental, porque el concepto de la sumisión contradice por entero todo lo que nuestra cultura actual enseña, ejemplifica y valora. Pero la Palabra de Dios es la que juzga nuestra cultura, y no al revés.

Uno de los motivos por los que la sumisión es un concepto tan aborrecido es porque se ha malentendido y se ha usado tan mal, a menudo intencionadamente, que pocas personas saben lo que significa. «Sumisión» no es una mala palabra, pero cuando las personas convierten en malas las palabras que son buenas, éstas se vuelven malas aunque no lo sean.

En cierta ocasión me encontraba hablando en una conferencia para hombres de Cumplidores de Promesas mientras unas miembros de la Organización Nacional para las Mujeres (NOW, por sus siglas en inglés) protestaban contra la idea de la sumisión, diciendo que convierte a las mujeres en ciudadanas de segunda clase.

Pero al mismo tiempo que la presidenta de NOW se quejaba de la terrible opresión a la que someten a las mujeres esos cristianos que enseñan la sumisión, escuché cómo llamaba a la vicepresidenta de la organización y le daba instrucciones para que hiciera determinada tarea.

Los hombres queremos y necesitamos escuchar: «Te respeto».

En otras palabras, la presidenta de NOW pedía a su subordinada que se sometiera a su liderazgo. Las feministas admiten que la sumisión es pertinente en determinados roles, y ellas mismas la practican en ese entorno. Lo único que no quieren es que este concepto del sometimiento se introduzca en el matrimonio, porque insisten en que el matrimonio es una relación totalmente igualitaria en la que nadie ocupa un papel de liderazgo. ¿Lo ve? La sumisión solo es un mal concepto cuando la usamos en un contexto en el que no queremos que aparezca. Pero es una idea de Dios, de modo que no puede ser mala. De hecho, veremos más adelante que los miembros de la Trinidad se someten los unos a los otros.

El término bíblico «sumisión» significa «alinearse debajo». Es un concepto que implica un acto de la voluntad. En otras palabras, debemos optar por someternos. Quizá la mejor ilustración sea la de una señal de «Ceda el paso» en la carretera. Mientras que la señal de «Stop» significa que hemos de pararnos y ya está, sin preguntas, cuando vemos un «Ceda el paso» hemos de tomar una decisión. Pero ésta tiene determinadas consecuencias.

Si usted cree que puede superar al automóvil que se acerca y apartarse de su trayectoria, quizá decida acelerar cruzando la intersección en lugar de ceder el paso. Pero si lo hace, y choca con el otro vehículo, usted pagará las consecuencias, porque el otro coche tenía derecho a pasar primero. Aunque usted piense que tiene razón, la ley considerará que se ha rebelado contra su normativa.

Lo mismo sucede en la relación de una esposa con su cónyuge. Dios dice a las esposas que se sometan a sus maridos «como al Señor» (Ef. 5:22). Una esposa puede optar por rechazar este mensaje, pero esa decisión la llevará a ella y a su matrimonio en «rumbo de colisión» con los principios de Dios.

Pero lo contrario también es cierto. Cuando nos sometemos obedientes a la Palabra de Dios, le complacemos y abrimos nuestras vidas a sus bendiciones. Creo que ésta es la elección que quiere hacer usted, de modo que veamos cómo es la sumisión bíblica que complace a Dios.

Sométase a su esposo al respetarle

Dios ordena a una mujer que respete a su marido. Este verbo significa «tener en alta estima, elevar». Está muy relacionado con el término «reverencia». Señoras, lo que su marido necesita y anhela más que cualquier otra cosa es respeto. Mientras que a usted le gusta escuchar «Te amo», los hombres queremos y necesitamos escuchar «Te respeto».

Sin respeto, los hombres se marchitan y mueren. Ya sé que algunas mujeres estarán objetando que sus maridos no son dignos de respeto, y luego trataremos ese tema. Pero quiero dejar claro que demostrar respeto a su marido no es algo optativo, de la misma manera que, para él, no es algo optativo amarla a usted con un amor semejante al de Cristo. Dios puede ordenar al esposo y a la esposa que manifiesten amor y respeto porque ambas cosas son un acto de la voluntad, una cuestión de obediencia.

La Biblia no nos da muchos datos concretos acerca de cómo una esposa debe manifestar su respeto a su marido. Pero sí tenemos un ejemplo claro en 1 Pedro 3:1-2, donde el apóstol escribió: «Asimismo vosotras, mujeres, estad sujetas a vuestros maridos; para que también los que no creen a la palabra, sean ganados sin palabra por la conducta de sus esposas, considerando vuestra conducta casta y respetuosa».

Aquí tenemos de nuevo, uno junto a otro, los dos conceptos de sumisión y respeto, del mismo modo que aparecen en Efesios 5 (véanse vv. 22 y 33). Pedro respaldó a Pablo señalando que el modo primario en que una esposa respeta a su marido es por medio de su sumisión. Pero Pedro añadió una descripción importante del aspecto que tiene la sumisión respetuosa.

Pedro la definió como una «conducta casta y respetuosa», que básicamente implica la actitud santa de una esposa que puede llevar a un marido incrédulo a Cristo sin necesidad de predicarle, criticar sin cesar su estilo de vida o clavar versículos de la Biblia en su almohada por las noches. Una esposa respeta a su marido, incluso aunque él sea incrédulo, cuando se niega a intimidarlo o manipularlo para que haga lo que ella quiera.

El tipo de respeto del que habla la Biblia aquí es aquel que todos queremos recibir en el trabajo y por parte de nuestros amigos. Si su jefe estuviera todo el día encima de usted, diciéndole cómo hacer cada detalle de su trabajo, usted se cansaría mucho al ver que no respeta su inteligencia, y seguramente se marcharía de la empresa. Para que una esposa no critique o manipule a su esposo aunque tenga razón, hace falta que sienta respeto por él.

SOMETERSE A SU ESPOSO COMO SU IGUAL

En este punto, seguro que algunas mujeres objetarán que esto no es justo. «¿Por qué tengo que someterme a mi marido cuando yo tengo más estudios que él y aporto al hogar más dinero que él?» O: «Si yo no me ocupara de la casa, nadie haría nada. Soy mucho más fuerte y menos pasiva que mi marido».

Todas éstas son cuestiones que hay que abordar en un matrimonio, pero la doctrina bíblica de la sumisión no tiene nada que ver con la cantidad de dinero que una mujer aporta al hogar comparada con su marido, o quién tiene una personalidad más fuerte. Someterse significa reconocer que Dios ha dado a la mujer la señal de «Ceda el paso».

La sumisión tiene que ver con la función, no con la existencia. No quiere decir que una mujer sea inferior a su marido en términos de su dignidad ante Dios. Pedro ya trató este asunto cuando dijo a los maridos que considerasen a sus esposas como «coherederas de la gracia de la vida» (1 P. 3:7). Los hombres y las mujeres tienen el mismo valor a los ojos de Dios.

La sumisión tampoco significa que una esposa ha sido relegada a una posición inferior de servidumbre que niega sus dones y sus habilidades, dejándola frustrada. ¿Cómo podría ser así, si la sumisión es la voluntad de Dios?

La mujer descrita en Proverbios 31:10-31 no era una persona pasiva e insustancial que esperase que alguien le dijera qué hacer. Aquella mujer era impresionante. Tenía una maestría en administración de negocios, porque la Biblia dice que negociaba con mercaderes lejanos. Tenía su licencia de agente inmobiliaria, porque compraba y vendía propiedades. También gestionaba las finanzas de la familia, supervisaba a los criados y tenía su propio ministerio entre los pobres.

Pero en términos de su matrimonio, usaba sus habilidades considerables de tal manera que realzaban el papel de su marido, en lugar de usurparlo o destruirlo. Proverbios 31:23 dice que su esposo era uno de los líderes de la ciudad, donde era bien conocido, lo cual sugiere que el ministerio de su esposa le beneficiaba.

La sumisión no significa que una esposa tenga que negar quién es. Pero cuando se han puesto todos los hechos sobre la mesa y hay que tomar una decisión, la esposa recibe la señal de «Ceda el paso». Puede que tenga las mismas cosas que ofrecer, y un marido sabio escuchará a su esposa sabia, pero él es quien tiene la responsabilidad de tomar la decisión.

Muchas esposas se preguntan con qué frecuencia es aplicable este mandamiento. Déjenme que cite Efesios 5:24 y luego lo analice: «Así que, como la iglesia está sujeta a Cristo, así también las casadas lo estén a sus maridos en todo».

La Biblia dice que las casadas deben estar sometidas a sus maridos en todas las áreas de la vida. El ejemplo es el sometimiento de la Iglesia a Cristo. De hecho, dos versículos antes leemos: «Las casadas estén sujetas a sus propios maridos, como al Señor» (v. 22).

LA SUMISIÓN TIENE QUE VER CON LA FUNCIÓN, NO CON LA EXISTENCIA. NO QUIERE DECIR QUE UNA MUJER SEA INFERIOR A SU MARIDO EN TÉRMINOS DE SU DIGNIDAD ANTE DIOS.

Éste es un principio general, pero hemos de mencionar una excepción que puede darse en el matrimonio. Cuando un marido requiere que su esposa haga algo que es claramente contrario a la voluntad de Dios y que le haría deshonrar su relación con Cristo, entonces ella tiene el deber mayor de obedecer a Dios y no someterse a su esposo (véase Hch. 5:27-29 para una afirmación de este principio).

Los casos como éste refuerzan la verdad de que una esposa es igual a su marido en términos de su valor intrínseco para Dios. Cuando Dios se refiere a la sumisión, habla de la puesta en práctica de un programa ordenado por Él, que en este caso es el hogar. Un hogar no está destinado a funcionar con dos cabezas, como un cuerpo humano tampoco puede tenerlas.

Por cierto, el mayor ejemplo de sumisión en la práctica, por parte de seres iguales y para cumplir un programa divino no es el matrimonio, sino la propia Trinidad. Jesús dijo: «Yo y el Padre uno somos» (Jn. 10:30), pero durante su ministerio habló y actuó en sometimiento a su Padre (véanse Jn. 8:29; 12:49). Su sumisión al Padre también se subraya en 1 Corintios 11:3, que examinaremos luego.

Esposa cristiana, usted es igual a su marido porque ha sido creada a imagen de Dios, y ha sido objeto de su gracia salvadora. El sometimiento es un acto voluntario de obediencia a Dios por su parte, que no reduce en modo alguno el valor que usted tiene.

SOMETERSE A LA POSICIÓN DE LIDERAZGO DE SU MARIDO

La Biblia nos ofrece una analogía muy útil sobre cómo deben funcionar la sumisión y la autoridad dentro del matrimonio. La relación entre un marido y su esposa no es la que existe entre un señor y un esclavo (aunque algunas parejas piensen que lo es), sino la que hay entre una cabeza y un cuerpo.

El siguiente pasaje lo analizo en la guía asociada a este librito, la cual se titula *El matrimonio sí importa* y habla del pacto matrimonial, pero quiero abordarlo también ahora. Pablo escribió: «Pero quiero que sepáis que Cristo es la cabeza de todo varón, y el varón es la cabeza de la mujer, y Dios la cabeza de Cristo» (1 Co. 11:3). La misión de la cabeza consiste en proporcionar guía y dirección al cuerpo. La misión del cuerpo es seguir las indicaciones de la cabeza.

Si sus brazos o sus piernas empiezan a moverse independientemente de las señales que reciban de su cerebro, o rebelándose contra ellas, tendrá que acudir al médico, porque es un síntoma de una enfermedad física.

De la misma manera, una esposa que rehúsa seguir el liderazgo de su marido está enferma espiritualmente, porque no funciona según lo hace un cuerpo en relación con su cabeza. Siempre que un creyente funciona fuera del estándar divino, Dios no responde a esa persona, porque jamás participará en una rebelión ni la respaldará.

Algunas cristianas no ven respondidas sus oraciones o no ven a Dios actuar en sus vidas, como resultado directo de su negativa a someterse a sus esposos. Algunos maridos no se atreven a adoptar el rol de liderazgo que les corresponde por derecho porque «están durmiendo con el enemigo». Están casados con mujeres que han decidido que su misión es descubrir en qué dirección quieren ir sus maridos, para ir en la dirección opuesta.

Este problema empezó en el huerto del Edén, cuando el diablo convenció a Eva de que actuase como la cabeza, y tomara la decisión de desobedecer a Dios, y Adán actuó como el cuerpo al seguir a Eva en su pecado. Pero Adán seguía teniendo la responsabilidad última como cabeza, aunque había renunciado a su autoridad, y la enfermedad del pecado se inoculó en el hombre. Pero no perdamos de vista que Satanás ideó un gran engaño, haciendo que Adán y Eva intercambiaran sus roles.

Al invertir los papeles en el matrimonio, se rompió una parte esencial del pacto matrimonial: la relativa a la jerarquía. En un pacto, como describo con mayor detalle en el libro guía *El matrimonio sí importa*, la jerarquía es el establecimiento de un orden determinado dentro de una relación de pacto; en otras palabras, una cadena de mando. Cuando esta faceta del pacto matrimonial se rompió entre Adán y Eva, el infierno se desató en la familia. Una mujer que quiere ser la cabeza de su hogar invita al diablo a controlar a su familia. Y el diablo ha conquistado muchos hogares porque la esposa se ha negado a someterse a la autoridad bíblica y legítima de su marido. El resultado es la enfermedad espiritual y la disfunción.

Por lo tanto, una esposa debe mirar a su marido para buscar dirección, igual que un cuerpo depende de su cabeza. Pero Satanás hará todo lo que pueda para impedir que eso suceda en su casa. Meterá a personas en su vida que le dirán: «¡Estás loca si te sometes a ese hombre! ¡A mí nadie me va a decir lo que tengo que hacer!».

También encontrará numerosos recordatorios de que su esposo dista mucho de ser perfecto. Pero no me malentienda: esto no es ninguna excusa para que un marido justifique su fracaso a la hora de seguir a Dios e intentar ser todo lo que Dios quiere que sea. Pero aquí vemos un principio más amplio de jerarquía, que es que un esposo es la cabeza de su esposa por posición, aunque en la práctica no cumpla ese rol. Y Dios llama a la esposa a reconocer y honrar esa posición.

El problema es que solo queremos responder a la práctica de una persona, en lugar de a la posición de autoridad que ésta ostenta, porque creemos que la primera nos da permiso para rebelarnos. Así tenemos esposas que se niegan a someterse al liderazgo de sus maridos porque no creen que éstos sean dignos de su respeto.

Pero una esposa le debe respeto a su marido porque él es su cabeza, según el mandato divino. Ésta es su posición, y en la vida hay todo tipo de situaciones en las que somos llamados a honrar y a servir a líderes que no cumplen su ideal.

Si los empleados solo trabajaran para jefes que fueran líderes ideales, en Estados Unidos habría mucho desempleo. Puede que su jefe sea un mal líder, pero aun así usted hace su trabajo y dice: «Sí, señor López», o «Sí, señora Santos», porque la empresa dice que usted debe reconocer la posición de su líder. Y la recompensa viene cuando recibe su cheque o, incluso, cuando consigue un ascenso.

Sé que algunas esposas cristianas se enfrentan al dilema de que yo llamo «intentar seguir a un vehículo estacionado». Es decir, que sus maridos no van a ninguna parte espiritualmente hablando. Dios entiende este trauma, y por eso la Biblia añade un corolario esencial para el mandato a las mujeres de que se sometan a sus esposos: «para que también los que no creen a la palabra, sean ganados sin palabra por la conducta de sus esposas» (1 P. 3:1).

Esposa cristiana, no piense que a Dios no le preocupa que su marido, que no es salvo o es débil espiritualmente, no mejore. Quiere que usted colabore en este proceso, pero no de la manera en que muchas mujeres creen que sus maridos necesitan ayuda. Dios no necesita que usted sea la crítica de su esposo, su conciencia ni su madre. Tampoco necesita que usted se siente, se cruce de brazos y diga: «Muy bien, se acabó. No pienso hacer lo que se supone que debo hacer hasta que mi marido no haga lo que debe hacer».

Entonces, ¿quiere esto decir que una esposa no puede hacer ni decir nada para ayudar a su esposo a aceptar el rol que Dios le ha ordenado? Por supuesto que no. «Sin palabra» es una frase hecha que significa: «no le predique a su marido». No quiere decir que no pueda transmitirle sus inquietudes. La idea es evitar ese tipo de conversación insidiosa, condescendiente y crítica que puede hacer que un hombre se aleje más de Cristo.

ESPOSA CRISTIANA, NO PIENSE QUE A DIOS NO LE PREOCUPA QUE SU MARIDO, QUE NO ES SALVO O ES DÉBIL ESPIRITUALMENTE, NO MEJORE.

Todos conocemos a personas que son la prueba viviente de que años y años de criticar, acusar y aplastar a alguien usando la lengua no producen los cambios deseados. Dios dice que es el momento de introducir un enfoque distinto.

Para una esposa cristiana, este enfoque es «una conducta casta y respetuosa» que un marido pueda ver (1 P. 3:2). Ya vimos que el mejor ejemplo de esto es el sometimiento voluntario y comprometido de una esposa a su marido. Pero tenemos demasiados matrimonios, incluso en la Iglesia, en los que el marido no sabe qué pinta tiene esto, porque jamás lo ha visto.

Puede que una esposa objete: «¡Oh, no! Mi marido ha sido testigo de mucha sumisión, porque siempre cedo ante él». Bueno, aquí el problema puede estar en el adjetivo «respetuosa». Algunas mujeres adoptan la postura: «¡Oh, sí!, pienso someterme a mi marido, pero lo voy a arrastrar conmigo, haciendo que su vida sea lamentable».

Puede haber cien motivos por los que un esposo no cumple su papel como cabeza del hogar. Pero una esposa que se rebela contra su cabeza lo único que hace es introducir un nuevo elemento de enfermedad y de disfunción espiritual en su familia.

Antes hicimos referencia a un marido en esta situación como si fuera un vehículo estacionado. La verdad es que es difícil seguir a un automóvil parado. Pero hay dos formas de actuar frente a un auto que no se mueve. O bien se enoja y empieza a tocar la bocina, sacudiendo el puño frente al otro conductor, o puede descubrir cuál es el problema y contribuir a su solución.

Nunca he visto que un automóvil se ponga de repente en marcha simplemente porque el conductor que venía detrás se pusiera a echar humo por las orejas, gritando y tocando el claxon. Usted podrá practicar todo su vocabulario frente a un vehículo inmóvil, pero ninguno de los dos llegará a ninguna parte.

Lo que necesita un automóvil que está parado es alguien que le ayude a moverse. Eso es lo que Dios ha dado a los maridos bajo la forma de sus esposas. Dios llama a una esposa a que sea la ayuda de su marido, para animarle en la labor de dirigir su matrimonio y su hogar.

Pero cuando una esposa decide convertirse en «ayuda dañina» en lugar de «ayuda idónea», los roles matrimoniales se invierten y el enemigo siembra el caos espiritual en el hogar. Incluso las esposas bien intencionadas pueden hacer daño al criticar a sus esposos y quejarse de ellos. Y durante ese proceso, obstaculizan el camino hacia el resultado positivo que intentan alcanzar.

Realmente creo que hay esposas cristianas que necesitan ir a sus maridos y decir algo así: «Siento haberte faltado al respeto, y hablarte mal delante de los niños. No he querido servirte del modo que Dios espera, y he usado tus debilidades como excusa para no someterme a tu liderazgo».

Ha pasado mucho tiempo para algunos maridos desde que han recibido de sus mujeres un mensaje amable, que les asegure que están haciendo algo bien. Puede que usted diga: «Le felicitaría si hiciera algo bien». Bueno, pues al menos una cosa sí hizo bien: ¡se casó con usted!

Las mujeres que no creen de verdad que Dios puede cambiar a sus maridos por medio de la obra del Espíritu Santo imaginan que ahora es trabajo suyo, de modo que piensan ayudar a Dios. A medida que avancemos por 1 Pedro 3 veremos que son muchas las cosas que puede hacer una mujer para influir en su marido. Por lo tanto, no se preocupe por tener que ser invisible o un mero adorno en su matrimonio.

¿Ha visto volar a las águilas? Se las conoce porque se remontan y planean cuando sus alas atrapan el viento. Pero, ¿sabía que si las águilas no supieran remontarse, se estrellarían? Sus alas son demasiado pesadas para que las agiten constantemente como hacen muchas aves. Por lo tanto, las águilas aletean hasta que atrapan una corriente de aire, y entonces se remontan.

Hay muchas esposas que se están esforzando muchísimo para hacer que funcionen sus matrimonios, pero no pueden soportar el peso de su tarea, y se estrellan. Dios dice: «Quiero que se remonten con el viento del Espíritu Santo. Sitúense en mí, y permitan que yo haga planear su matrimonio hacia una relación cambiada». Cuando lo haga al estilo de Dios, no tendrá que aletear, porque podrá remontarse.

2

La dulzura de la seducción

Seducir a su esposo

Hoy día, algunos de los centros comerciales de moda en la Quinta Avenida neoyorquina usan modelos de carne y hueso en sus escaparates, en vez de maniquíes. En cierta ocasión estaba paseando por la Quinta Avenida cuando me detuve frente a un escaparate y vi a una modelo real que permanecía inmóvil como un maniquí, con la única diferencia de que pestañeaba.

Seguro que otras personas también la vieron, porque hacían muecas y daban golpecitos en el cristal, intentando desconcentrarla. Pero ella se mantuvo firme e inmóvil, porque para ella había algo más importante que complacer a las personas del otro lado del cristal. Complacía a su jefe, que le pagaba por estar en aquel escaparate.

Las mujeres que quieren complacer al Señor en su matrimonio, a menudo tienen que ignorar a las personas del otro lado del cristal. Esto se debe a que Dios les dice en su Palabra que es posible que deban ir en contra de lo que les dicen muchas de sus amigas, o la televisión. Pero ninguno de nosotros está aquí para complacer a los mirones.

Es posible que el título de esta sección le haga preguntarse si su meta debe ser complacer al Señor o a su marido. Pero utilizo el concepto de la seducción en su sentido más básico: lo que es atractivo; y en este sentido el atractivo de una esposa agrada a su esposo y complace a Dios.

Ya estamos listos para meditar sobre 1 Pedro 3:3-4, que aborda la cuestión de la verdadera belleza femenina. «Vuestro atavío no sea el externo de peinados ostentosos, de adornos de oro o de vestidos lujosos, sino el interno, el del corazón, en el incorruptible ornato de un espíritu afable y apacible, que es de grande estima delante de Dios».

LA DULZURA SEDUCTORA DE UN ESPÍRITU AFABLE

Hemos de analizar la palabra que se traduce como «atavío». Se trata del término griego *kosmos,* que nosotros conocemos como «cosmos». A menudo se traduce por «mundo» en el Nuevo Testamento, como cuando se nos dice que no amemos el mundo (véase 1 Jn. 2:15). El significado básico de «cosmos» es una «disposición» o un sistema. En el caso del mundo, se refiere a un sistema que deja fuera a Dios.

Pero existe otro derivado de esta palabra que usamos hoy día, que es «cosmético». En este caso, como en 1 Pedro, se hace referencia al modo en que una mujer dispone u organiza su aspecto para ser atractiva para su marido y, por extensión, a las otras personas de su entorno.

> UTILIZO EL CONCEPTO DE LA SEDUCCIÓN EN SU SENTIDO MÁS BÁSICO: LO QUE ES ATRACTIVO; Y EN ESTE SENTIDO EL ATRACTIVO DE UNA ESPOSA AGRADA A SU ESPOSO Y COMPLACE A DIOS.

Pedro aplicó este término, «atavío», a las mujeres por dos motivos: primero, porque las mujeres se interesan mucho por su aspecto; y segundo, porque los hombres están muy interesados en el aspecto de las mujeres.

Las mujeres se centran tanto en su aspecto que llevan consigo los instrumentos que necesitan para estar atractivas. Los ornamentos son importantes para las mujeres, de modo que la Biblia se basa en esta realidad para llamar a las mujeres santas a adornarse o ataviarse de una determinada manera, sobre todo para sus maridos.

Del mismo modo que una mujer haría un esfuerzo para comprobar que todo está en orden en su peinado, su rostro y sus prendas, una esposa debe adornarse con aquello que tiene un valor más profundo que la belleza externa. Dentro del contexto de 1 Pedro 3, ese ornamento incluye la sumisión y el respeto que demuestre a su esposo, el modo en que le honre y le anime.

Esto no solo hace que una esposa sea atractiva para su marido, sino que tiene un gran valor para Dios. Pedro describió esta belleza interna como «un espíritu afable y apacible» (v. 4), que Dios llama «precioso». Una mujer que quiera agradar a Dios manifiesta este tipo de espíritu y comprueba regularmente su «maquillaje» en el espejo de la Palabra de Dios, para seguir estando guapa.

Dios quiere que las mujeres que le conocen tengan bien ordenado y atractivo su espíritu. Quiere que llamen la atención de sus maridos y del mundo, pero en el sentido correcto.

Algunas personas creen que la Biblia enseña que, para ser realmente santa, una mujer debe descuidar voluntariamente su aspecto, renunciar a las joyas y los adornos, y vestirse con ropas sin atractivo para demostrar que no ocupa su mente con las cosas materiales.

Esto no es lo que enseña Pedro en 1 Pedro 3:3. Algunos traductores añaden el adverbio «sólo» a este versículo para ayudarnos a comprender el sentido del pasaje. La Biblia no prohíbe a una mujer que se cuide o incluso se adorne, siempre que sea modesta y de buen gusto, y que el motivo no sea atraer sobre ella una atención inadecuada. La Biblia no condena a una mujer por ser atractiva, pero Dios dice a las mujeres cristianas que no permitan que su atractivo se quede en el exterior.

Creo que Dios quiere que una esposa sea atractiva para su marido. Esto forma parte de su belleza y de su encanto como mujer. Pocas mujeres mostrarían su desdén por sus compañeros de trabajo y sus jefes acudiendo a trabajar vestidas de cualquier manera. Una esposa debe evidenciar a su marido el mismo respeto y honor que otorga a su jefe o jefa.

Pero, como dijimos antes, la belleza de una mujer debe estar atemperada por la modestia. Pablo escribió: «Asimismo que las mujeres se atavíen [de nuevo la palabra *kosmos*] de ropa decorosa, con pudor y modestia; no con peinado ostentoso, ni oro, ni perlas, ni vestidos costosos, sino con buenas obras, como corresponde a mujeres que profesan piedad» (1 Ti. 2:9-10).

Esto parece indicar que Pablo prohibía lo que Pedro permitió. Pero aquí la idea es que una mujer no se arregle de tal manera que llame una atención indebida o incorrecta sobre su persona. Esto es importante, porque Pablo escribió dentro del contexto de la adoración en la iglesia local. Cuando una mujer se adorna de tal modo que aparta la mirada de los demás del Señor para que la centren en ella, eso supone deshonrar al Señor.

En tiempos de Pablo, algunas mujeres llevaban peinados ostentosos y entretejían en sus cabellos oro y perlas, para llamar la atención. Está claro que este tipo de ostentación es impropio de las mujeres piadosas. La modestia siempre es necesaria. Una manera de expresarlo que facilita recordarlo, señoras, es comprobar si lo que llevan puesto es demasiado bajo, demasiado alto o demasiado ceñido. Si es una de estas tres cosas, es hora de cambiarse la ropa.

Esto es necesario decirlo hoy, cuando los estándares cada vez se alejan más de la modestia, y la Iglesia no es un caso aparte ni mucho menos. Aunque es posible que usted no pretenda llamar la atención, las prendas indecentes dan esa impresión. Respétese lo suficiente como para no hacer esto.

EL CONTENIDO DE SU ORNAMENTO

El verdadero ornamento de una mujer piadosa no se puede comprar en unos grandes almacenes ni adquirirse en el salón de belleza. Hoy día el problema es que buena parte de la belleza que vemos está comprada en tiendas. Mantenerla requiere visitas regulares al centro comercial, la peluquería y el salón de manicura. Algunas mujeres que hablan de «voy a arreglarme la cara» lo expresan muy bien, porque la que llevan no es la que pertenece a su verdadero yo.

No quiero que esto se entienda como una crítica, porque ya hemos dicho que ser atractiva no tiene nada de malo. Pero cuando una mujer no puede distinguir entre su verdadero yo y su adorno externo, o cuando su valor y su identidad llegan a depender de éste, se ha apartado del estándar bíblico.

Pedro urgió a las mujeres de Dios a no definirse por las joyas o las prendas que llevan. La suma total de quién es usted es mucho más que eso. La historia no acaba ahí.

¿Cuál es el contenido del ornamento de una mujer piadosa? Ya lo leímos antes: «el incorruptible ornato de un espíritu afable y apacible» (1 P. 3:4). La pregunta que hace Dios a las mujeres creyentes es: «¿Intenta de verdad ser tan atractiva por dentro como lo es por fuera?». Quiere asegurarse de que su belleza interna es más importante que la externa. Quiere estar seguro de que puede felicitarla por su aspecto interior.

> **CUANDO UNA MUJER NO PUEDE DISTINGUIR ENTRE SU VERDADERO YO Y SU ADORNO EXTERNO, O CUANDO SU VALOR Y SU IDENTIDAD LLEGAN A DEPENDER DE ÉSTE, SE HA APARTADO DEL ESTÁNDAR BÍBLICO.**

Pedro hablaba en concreto del aspecto que tiene una mujer para su marido. Dijo que el esposo de una mujer debe apreciar su belleza interna por la manera en que ella actúa y le responde, mediante la sumisión voluntaria y la deferencia que le demuestra.

Por consiguiente, una mujer que deshonra a su marido manifiesta un estilo pobre, un guardarropa interior falto de atractivo. Su persona externa, la parte que ven otros, debe estar respaldada por su carácter interno. Por eso Pedro llamó a esta cualidad «el interno», el espíritu en el fondo de su ser, la parte de usted que no ve nadie.

Una esposa cristiana que tenga un buen aspecto

externo, pero que acuchilla a su marido con sus palabras, le ridiculiza ante sus amigos y su familia y le falta al respeto ante los hijos, no es hermosa según la definición de Dios. Si falta el ornamento interior del espíritu de una mujer o bien está desaliñado, por muchas que sean las joyas, prendas de vestir o técnicas para embellecerse que posea compradas en tiendas, nada podrá ocultar su fealdad.

TRANSFORMADA POR LA GLORIA DE DIOS

¿Cómo puede una mujer embellecerse por dentro? Permitiéndose que Dios la transforme con su gloria. En otras palabras, una mujer que quiera agradar a Dios y ser realmente atractiva para su marido debe ser alguien que busque con pasión a Dios, que quiera estar en su presencia de modo que sea transformada en la imagen de su gloria.

Señoras, cuando su objetivo sea Dios, Él las dotará de esa «cualidad imperecedera» que la Biblia llama «un espíritu afable y apacible». Esto no se refiere a la cantidad de sus palabras, sino a la calidad de su comunicación. ¿Quiere esto decir que una esposa nunca se sentirá frustrada, tendrá un mal día o dirá algo que desearía no haber dicho? Claro que no. Si éstos fueran los criterios para la santidad, ninguno de nosotros los alcanzaría. Todos fallamos, pero una mujer que manifiesta este tipo de espíritu tiene una actitud afable. De la mujer de Proverbios 31 se nos dice que «la ley de clemencia está en su lengua» (v. 26).

Usted dirá: «Muy bien, yo podría ser así si las cosas me fueran como le iban a aquella mujer». No,

Dios quiere esposas que le honren sean cuales fueren sus circunstancias, y ofrece a cada mujer la capacidad de conseguirlo en medio de un entorno imperfecto.

Estamos hablando de la belleza interna de una mujer, que es algo que no puede aplicarse en el último minuto, como se pondría maquillaje antes de irse a una fiesta. Con esto quiero decir que un espíritu afable y humilde debe entretejerse en el ser interior de una mujer, de modo que la clemencia «esté en su lengua»; en otras palabras, que sea lo primero que salga de su boca.

Verá: una persona puede ocultar su fealdad interior tras una sonrisa agradable, unas prendas elegantes y una capa de cosméticos. Pero lo que lleva dentro saldrá a la luz tarde o temprano, y lo que Dios desea es que lo que salga de una mujer piadosa sea un espíritu que refleje la gloria de Dios.

Una geoda es una roca que tiene dentro cristales hermosos. Éstos se forman cuando el agua rica en minerales se filtra entre las piedras. Cuando los minerales quedan retenidos en la roca, y el agua sigue fluyendo, se forman los cristales. Y cuanto más fluya el agua, más hermosos serán los cristales.

Ahora bien, la roca exterior empieza a gastarse y a pulirse con el paso del tiempo. Pero dentro, los cristales son cada vez más hermosos a medida que fluye el agua. Ésta es la imagen de una mujer en quien y por medio de quien fluye el Espíritu de Dios. Es posible que su apariencia externa envejezca, y empiecen a aparecer arrugas, pero con cada año que pasa es más hermosa por dentro.

Las mujeres que han sido transformadas por la gloria de Dios no tienen nada que temer de nadie, igual que Sara y otras «mujeres santas» de los tiempos pasados «esperaron en Dios» y se sometieron a sus esposos. Una mujer que hace «el bien» no debe sentir miedo (1 P. 3:5-6). Más tarde diremos mucho más acerca de este tema.

La Biblia usa el sustantivo «gloria» en otro sentido que para nosotros es importante. Dice que el cabello largo de una mujer «le es una gloria» (1 Co. 11:15, LBLA). Las mujeres entienden esto de un modo que la mayoría de hombres no logra asimilar.

Por ejemplo, cuando mi esposa y yo tenemos que llegar a un sitio a las siete de la tarde, una hora antes ella se pone ante el espejo de su «gloria». Al cabo de una hora se ha transformado ante mis ojos, y tiene un aspecto impresionante.

Vamos al auto, que está dentro del garaje. Eso está bien, porque de esa manera mi esposa no tiene que salir a la calle y arriesgarse a estropear su «gloria». Y cuando subimos al vehículo, baja el espejo interior para comprobar su «gloria».

Entonces, cuando llegamos a nuestro destino y subimos al ascensor, como dentro suele haber un espejo, mi esposa hace las últimas comprobaciones. Cuando llegamos al sitio al que íbamos, se encuentra con algunas amigas y se van juntas al tocador, a comentar la «gloria» de cada una.

Una mujer quiere sentirse gloriosa, y eso está bien. Pero Dios quiere que también invierta en su gloria interior, de modo que la persona externa no sea una tapadera para un espíritu falto de atractivo, áspero e irrespetuoso.

Puedo imaginar a una esposa diciendo: «Está bien, ya me hago a la idea. Se supone que debo manifestar respeto a mi marido, y debo permitir que la gracia de Dios fluya a través de mí y me cambie para que pueda hacer lo que, por mí sola, no podría.

»Pero es que usted no lo entiende. Mi marido me irrita. Me pone de los nervios. No se merece mi respeto ni mi sumisión. Ni siquiera se da cuenta ni aprecia el hecho de que intento adaptarme a la gloria de Dios, y aprender cómo dejarle a Dios obrar por medio de mí».

Hay muchas cristianas que dirían amén a ese sentimiento. Seguramente en el siglo I las cosas no eran muy distintas, motivo por el cual la última frase de 1 Pedro 3:4 es tan importante. Una mujer que quiere ser una mujer de Dios es «de grande estima» delante de Él. Esto quiere decir que el «público» para el que ella actúa no es necesariamente su marido; éste es sólo el beneficiario.

El público es el propio Dios. Cuando una mujer mira a Él, es transformada. La palabra «delante» significa cara a cara. Según 2 Corintios 3:18, cuando miramos al rostro de Dios y contemplamos su gloria, somos transformados a su imagen con un grado de gloria cada vez mayor.

En otras palabras, podríamos decir que Dios se convierte en el «maquillador» de una mujer cuando ésta le busca para transformar su interior. Dios empieza a obrar en su espíritu, y el resultado es glorioso aunque el proceso de aplicar el maquillaje no sea siempre agradable.

Ninguna estrella de Hollywood, con su propio vestidor, estilista y experto maquillador tiene ventaja sobre una mujer que busca a Dios para que Él la embellezca.

Dios define a una mujer así como «de grande estima» para Él. Ésta es la misma expresión que se usa para hablar del perfume que María utilizó para ungir a Jesús antes de su muerte (véase Jn. 12:3). Era un perfume muy caro.

NINGUNA ESTRELLA DE HOLLYWOOD, CON SU PROPIO VESTIDOR, ESTILISTA Y EXPERTO MAQUILLADOR TIENE VENTAJA SOBRE UNA MUJER QUE BUSCA A DIOS PARA QUE ÉL LA EMBELLEZCA.

¿Qué hace que algo sea «precioso» en el sentido de caro? Por lo general, un objeto precioso es algo que no abunda. Cuanto menos abunde, más valioso se vuelve. Si el suelo estuviera sembrado de diamantes para recogerlos a nuestro antojo, perderían su valor excepcional.

Una mujer que esté decidida a seguir a Dios y a permitir que su gloria brille a través de ella, es preciosa porque no hay muchas como ella. No soy yo quien dice esto, sino Dios. Lo primero que se nos dice sobre la «mujer virtuosa» es la pregunta retórica «¿Quién la hallará?» (Pr. 31:10*a*).

Ésta es otra manera de decir que una mujer así es difícil de encontrar. Permítame añadir que estamos hablando de la cultura en general. Como pastor, valoro las contribuciones asombrosas que hacen las mujeres al cuerpo de Cristo. En los Estados Unidos es cierto que, a lo largo de la historia, muchas iglesias se han sustentado mediante la presencia de mujeres fieles que oran. Esto es un tributo a las mujeres piadosas y, al mismo tiempo, un llamado a todos los hombres cristianos, para que bajen de las gradas y entren en el terreno de juego.

Pero la mujer de la que habla Dios es difícil de encontrar. Y, como todos los tesoros poco frecuentes, «su estima sobrepasa largamente a la de las piedras preciosas» (Pr. 31:10*b*). Una mujer piadosa debe entender el gran valor que tiene ante los ojos de Dios, aunque su marido no lo vea o no lo aprecie.

Dios presta atención a una mujer así, y obra en su favor. Es posible que a los hombres les entusiasmen mujeres que tienen una buena apariencia externa, pero Dios concede su favor a una mujer que le teme, pues ésta es preciosa ante sus ojos.

Cuando María rompió la jarrita de alabastro y vertió el perfume sobre Jesús, los otros presentes pensaron que era un desperdicio. Pero para Jesús, su sacrificio fue extremadamente precioso. No solo defendió a María, sino que la alabó (véase Mr. 14:9).

Dios aborrece la belleza y el ornamento externos que se usan para encubrir el orgullo y la rebelión contra Él. Hallamos un ejemplo que nos da mucho que pensar en Isaías 3, donde el Señor hace una reprensión y emite su juicio contra las mujeres de Judá. Vale la pena citar el pasaje entero:

> «Asimismo dice Jehová: Por cuanto las hijas de Sion se ensoberbecen, y andan con cuello erguido y con ojos desvergonzados; cuando andan van danzando, y haciendo son con los pies; por tanto, el Señor raerá la cabeza de las hijas de Sion, y Jehová descubrirá sus vergüenzas. Aquel día quitará el Señor el atavío del calzado, las redecillas, las lunetas, los collares, los pendientes y los brazaletes, las cofias, los atavíos de las piernas, los partidores del pelo, los pomitos de olor y los zarcillos, los anillos, y los joyeles de las narices, las ropas de gala, los mantoncillos, los velos, las bolsas, los espejos, el lino fino, las gasas y los tocados. Y en lugar de los perfumes aromáticos vendrá hediondez; y cuerda en lugar de cinturón, y cabeza rapada en lugar de la compostura del cabello; en lugar de ropa de gala ceñimiento de cilicio, y quemadura en vez de hermosura» (vv. 16-24).

Dios dijo que haría que lo exterior de estas mujeres fuera como lo interior, porque no dedicaban su tiempo a ser hermosas por dentro para Él. Solo les interesaba su apariencia y la atención que podían atraer con ella. Pero Dios dijo que haría perecer su hermosura.

Sin embargo, una mujer que se transforma mediante la gloria de Dios tiene una belleza interna que es imperecedera.

La manera de cambiar a su esposo

Si alguien diera consejos sobre cómo cambiar a un marido, seguramente se formaría una cola de esposas. Bueno, pues Pedro nos dio un consejo inspirado por el Espíritu Santo sobre la mejor manera en que una esposa puede influir en su marido y cambiarlo. El único motivo por el que no se prueba y se practica más es que no es el consejo que muchas mujeres quieren oír.

Esto se debe a que 1 Pedro 3 se centra en el llamado a una esposa para que se convierta en una mujer que complace a Dios, y por medio de la cual Él puede cambiar a su esposo. Esto no quiere decir que los maridos tengan una vida muy cómoda, porque Dios también les reserva algunos desafíos importantes. Pero aquí el énfasis recae sobre el carácter de la esposa.

¿Recuerda ese consejo que oímos tantas veces cuando éramos solteros y buscábamos pareja? A menudo nos decían que es más importante ser la persona correcta que encontrar a la persona idónea.

Ése era un consejo estupendo cuando estábamos solteros, y sigue siéndolo ahora. Una de las razones es que resulta muy difícil cambiar a otra persona. Por lo tanto, si usted llega al matrimonio pensando que va a cambiar a su cónyuge a base de «latigazos», vaya preparándose para muchos años de frustración.

Me parece escuchar a una esposa que ya ha padecido mucho decir: «¡Amén! Llevo años intentando cambiar a mi esposo, y no me ha funcionado nada». Por eso Dios dice: «Si me permites trabajar en ti, también me encargaré de tu esposo».

Es cierto que una mujer que evidencia un espíritu piadoso, afable, es preciosa a los ojos de Dios. Pero Él también la hará hermosa a los ojos de su marido. Cuando Dios se pone a trabajar en el espíritu interno de una esposa con su maletín de maquillaje divino, puede volverla tan fascinante y atractiva para su marido que éste deje de pensar en ella como solía hacerlo antes, y para que no la vea como solía verla.

Esto no es una garantía absoluta de que el marido de toda mujer piadosa será salvo, o que encarrilará su vida cristiana y empezará a asumir el liderazgo espiritual en su hogar. Puede tardar años, o en algunos casos es posible que el marido nunca entienda la situación. Pero la conducta piadosa de las esposas sigue teniendo un valor asombroso para Dios.

No hay soluciones automáticas, pero la fórmula que encontramos al leer 1 Pedro 3 (la transformación interna de la esposa a manos de Dios) ha sido una de las más eficaces que he visto para el cambio en matrimonios. Y lo mágico de este tipo de belleza es que no se desvanece ni se marchita con el tiempo, como la belleza física, de modo que haya que ocultar su gloria decreciente tras lociones, cremas y capas de cosméticos. De hecho, la verdadera belleza interior se vuelve más atractiva con el paso de los años.

Señoras, seguramente su belleza externa jugó un papel en la conquista de su esposo, porque los hombres reaccionan ante lo que ven. Pero lo que le cambiará será la belleza interna que posea usted. Me dirá: «Pero es que mi marido no aprecia la belleza interior». No tiene por qué. Su ornamento espiritual es precioso para Dios, y cuando Dios lo vea hará lo que usted no puede hacer, y obrará en las áreas a las que usted no llega. Se pondrá a obrar en su marido.

Ahora bien, si tiene la sensación de que solo es usted la persona que tiene que conformarse a la gloria de Cristo, permítame concederle un modelo y un ejemplo a seguir, que espero que le anime.

Para ello debemos retroceder a la primera frase de 1 Pedro 3, donde leemos: «Asimismo, vosotras, mujeres, estad sujetas...» Lo he guardado hasta ahora porque este pasaje está repleto de verdades espirituales que pueden transformar su vida. Esta frase nos hace preguntar: «asimismo» (de la misma manera), ¿qué? Bueno, pues en este caso es una referencia al ejemplo de Jesucristo:

> «Pues para esto fuisteis llamados; porque también Cristo padeció por nosotros, dejándonos ejemplo, para que sigáis sus pisadas; el cual no hizo pecado, ni se halló engaño en su boca; quien cuando le maldecían, no respondía con maldición; cuando padecía, no amenazaba, sino encomendaba la causa al que juzga justamente; quien

llevó él mismo nuestros pecados en su cuerpo sobre el madero» (1 P. 2:21-24*a*).

Del mismo modo que Jesús tuvo que confiar en Dios en una mala circunstancia, muchas esposas deben confiar en Él en una situación adversa. Jesús no pagó a sus acusadores con la misma moneda de palabras degradantes y desdeñosas. Se entregó a Dios y siguió su voluntad, aunque ésta significara pasar por la cruz.

La reacción santa de Jesús frente al sufrimiento, ¿produjo algún cambio en otros? ¡Produjo el mayor cambio de toda la historia humana! Jesús no tenía faltas ni pecados propios que pudieran inquietarle. Pero incluso siendo el Hijo de Dios sin pecado, la respuesta de Jesús a su sufrimiento fue soportarlo con paciencia, permitiendo que Dios hiciera su obra completa.

Señoras, es posible que algunas se hayan casado con hombres que no se hayan sometido a Dios o a su mandamiento de amarlas como sus protectores, proveedores y pastores. Esa situación es difícil, sobre todo cuando se las llama a someterse a ellos.

> SU ORNAMENTO ESPIRITUAL ES PRECIOSO PARA DIOS, Y CUANDO DIOS LO VEA HARÁ LO QUE USTED NO PUEDE HACER, Y OBRARÁ EN LAS ÁREAS A LAS QUE USTED NO LLEGA. SE PONDRÁ A OBRAR EN SU MARIDO.

No pretendo decir que su situación tenga una solución fácil, sugiriendo por medio de este pasaje que lo único que debe hacer es confiar en Dios como «el que juzga justamente», y quedarse ahí. No, todo lo contrario, permita que la confianza se traduzca en acciones. Que su fe se manifieste en sus pies. Quiero animarla a hacerlo, y luego ver lo que hará Dios.

Como Jesús aceptó la voluntad de Dios en todas las situaciones de su vida, Dios tomó su sufrimiento y lo convirtió en un propósito, además de una gran alegría. También le dio honra y gran estima. Puede hacer lo mismo con usted, si opta por humillarse y someterse a su marido, adornándose con la dulzura seductora de un espíritu afable.

3

La santidad de la entrega

Entregarse a su esposo

El ejemplo de Jesús en la cruz nos ayuda a entender qué significa entregarse al plan divino. Cristo subió voluntariamente a la cruz y extendió sus brazos para que los clavasen porque aquella era la voluntad de su Padre.

Sin duda, hay muchas esposas que dirían que se sienten casi como si su matrimonio las crucificara. Desde su punto de vista, parece como si les pidieran que se tumbasen, extendieran los brazos y se entregaran a sus maridos, que pueden apreciar o no su sacrificio y tratarlas en consecuencia. Es normal que ese acto de entrega les dé miedo.

Dado que no hay maridos ni matrimonios perfectos, el tema de la entrega resulta difícil para muchas mujeres. Esto se debe a que, como hemos visto, Dios llama a una esposa a respetar y a someterse a su marido incluso cuando éste no sea digno de su respeto, o cuando exista una diferencia de opinión y la esposa tenga razón. Debe honrar la posición de su marido como cabeza del hogar, para cumplir juntos un programa común.

Y cuando una esposa hace esto por respeto a su marido y por obediencia a Dios, Él responde a esta obediencia y la libra de sus temores. Ésta es la idea que quiero que captemos en 1 Pedro 3:5-6, los dos últimos versículos en el pasaje que examinamos, y que está dedicado a las esposas.

A todos nos gustaría ser libres. Pero hay demasiadas mujeres, incluso en la familia de Dios, que son prisioneras de su propia rebelión y empecinamiento porque se niegan a admitir el orden divino para el matrimonio o ceder a sus exigencias.

En lugar de hacer las cosas a la manera de Dios y confiar en Él para obtener resultados, estas mujeres emplean sus lenguas para deshonrar y angustiar a sus maridos, con la esperanza de poder verse libres de lo que consideran la esclavitud del matrimonio. Pero en lugar de libertad, se ven inmersas en una situación negativa, porque Dios nunca honra la rebelión.

La Biblia dice que una esposa que honra a Dios crea una oportunidad para ganarse a su marido sin darle sermones, quejarse ni degradarlo. Sin embargo, que un marido reaccione es un principio general, no una garantía. A algunas esposas les cuesta admitir esta posibilidad, porque no ven manera alguna de que sus maridos reaccionen sin que ellas intervengan. Pero esto es lo que dice Dios, de modo que la cuestión para las esposas cristianas es si van a permitir o no que Dios diga la verdad aunque todos los demás demuestren ser mentirosos (véase Ro. 3:4).

Debería haber muchas esposas dispuestas a probar el modo de actuar de Dios, porque llevan años intentándolo a su propia manera y no les ha funcionado. El cambio espiritual perdurable es la obra de Dios Espíritu Santo, no el fruto de nuestros esfuerzos.

Pedro retrocedió en la historia bíblica para señalar a algunas mujeres que comprendieron este principio y lo pusieron por obra en sus vidas. «Porque así también se ataviaban en otro tiempo aquellas santas mujeres que esperaban en Dios, estando sujetas a sus maridos» (1 P. 3:5).

Modelos de entrega santa

Una parte del problema que tratamos hoy día en el matrimonio es la falta de ejemplos santos de maridos y esposas que vivan el matrimonio según el Libro, y que vean cómo Dios bendice su relación. En nuestra generación, carente de absolutos y de normas, cada vez resulta más difícil encontrar ejemplos en la vida real de lo que Dios quiso que fuera el matrimonio. En cierto sentido esto no debería sorprendernos, porque ya hemos visto que las mujeres piadosas son poco frecuentes, como una piedra preciosa. Y podría añadir que los hombres santos son igual de escasos. Ahora bien, dentro del contexto de 1 Pedro 3, una mujer santa es alguien que confía en Dios y se somete a su esposo, honrándole y respetándole de verdad.

Asegurémonos de entender lo que se dice aquí. Una mujer que falta al respeto a su esposo y deshonra la posición que éste ocupa no se puede considerar una mujer santa delante de Dios. Al no respetarle a él, no respeta a Dios. «Santo» significa apartado para Dios, es decir, un compromiso interno, invisible y espiritual que se hace en el corazón.

> HAY DEMASIADAS MUJERES, INCLUSO EN LA FAMILIA DE DIOS, QUE SON PRISIONERAS DE SU PROPIA REBELIÓN Y EMPECINAMIENTO PORQUE SE NIEGAN A ADMITIR EL ORDEN DIVINO PARA EL MATRIMONIO O CEDER A SUS EXIGENCIAS.

Pero la Biblia también dice que podemos saber lo que hay en el corazón de las personas gracias a sus palabras y a sus actos. Aquellas mujeres de antaño que confiaron en Dios y fueron apartadas para Él demostraron su fe mediante la manera en que honraban a sus maridos, tanto con sus palabras como con sus actos.

La idea es ineludible. Señoras, no me digan que están cerca de Dios mientras son rebeldes al liderato de sus maridos, humillándoles y discutiendo con ellos para obtener el control. La Biblia dice que las mujeres que fueron apartadas para ser «infrecuentes» y «santas» no hicieron eso. Respetaban a sus esposos aunque no siempre estuvieran de acuerdo con ellos. Y lo hicieron porque confiaban en Dios.

En algunos casos, las madres enseñan a sus hijas

a menospreciar a sus futuros maridos, ofreciéndoles el ejemplo de sus propias vidas.

Lamentablemente, tenemos una visión distorsionada del matrimonio. En el libro guía *El matrimonio sí importa* que habla del propósito del matrimonio, profundizo más en el tema; pero permítame mencionar aquí que el matrimonio consiste en cumplir el propósito de Dios en su vida.

El pacto matrimonial fue diseñado por Dios para fortalecer la capacidad de cada cónyuge para gobernar la esfera en la que Dios le ha colocado. El matrimonio es un instrumento para obtener un mayor control sobre la vida que Dios le ha dado. Para que tenga la máxima influencia sobre sus vidas, es importante que los dos miembros de la pareja colaboren.

Adán debía proporcionar liderazgo al ser el proveedor, protector y sacerdote. Eva fue hecha para encajar en la imagen del dominio, siendo una ayudadora que contribuyese a su esposo. Hablando de la necesidad que tenía Adán de una pareja, Dios dijo: «Le haré ayuda idónea para él» (Gn. 2:18).

¿QUÉ SIGNIFICA AYUDAR?

En este apartado empezaremos por los hombres. Cuando algunos hombres escuchan la palabra «ayudante», piensan en alguien que cocinará, limpiará, hará la colada y mantendrá controlados a los niños mientras ellos ven el partido en televisión.

Las comedias televisivas están llenas de esta caricatura del matrimonio, y son programas que suelen provocar muchas risas. Pero un marido que interpreta que la «ayudante» no es más que una criada, una cocinera y una niñera no tiene nada de gracioso. Para cumplir esos roles, una mujer no tiene por qué estar casada. Se puede contratar a personas que hagan esas tareas.

Ahora bien, no me malentienda. Esto no quiere decir que una esposa pueda desatender o rehuir sus tareas en casa. No hay nada que sustituya su toque femenino en la casa, pero si su papel consiste solo en eso, algo anda mal, porque ésa no es la manera primaria en la que una mujer sirve de ayuda idónea para su marido.

El modo principal en que una esposa ayuda a su marido es cuando le ayuda a convertirse en el líder que Dios ha destinado que sea. Una esposa debería ser la admiradora número uno de su marido, la persona que más le anime, su apoyo más importante. Pero no podrá ayudar a su marido a asumir el liderazgo si siempre lo está criticando o luchando con él por hacerse con el control.

En la Biblia, un ayudador es alguien que se acerca a otra persona para animarla y edificarla. En Juan 14:16 Jesús llamó al Espíritu Santo nuestro «ayudador». El papel del Espíritu es un buen ejemplo del modo en que obra un ayudador. Jesús dijo que el Espíritu no «hablaría de su propia cuenta», sino que glorificaría a Jesús (Jn. 16:13-14).

Puede que alguna esposa diga: «Si eso es lo que significa ser ayudante, no quiero serlo. ¿Por qué he de pasarme el tiempo glorificando a mi marido y animándole? La única forma que tengo de hacerlo es negándome a mí misma, negando mis dones, y convirtiéndome en el escaño para que él apoye los pies. Si él se lleva toda la gloria, no queda nada para mí. Además, tengo más estudios que él, y un empleo mejor».

Esta afirmación puede parecer dura, pero así es exactamente cómo entienden algunas mujeres la idea de ser ayudantes de sus maridos. ¿Es una evaluación precisa? En absoluto, y la posición que ocupa el Espíritu Santo en la Trinidad lo demuestra.

El Espíritu está en un plano de igualdad, en cuanto a su esencia, con el Padre y el Hijo. Cuando se convirtió en el ayudador de Cristo y adoptó el papel de glorificarle, no perdió ni un ápice de su deidad. Fue una sumisión voluntaria entre iguales espirituales, igual que el sometimiento de Cristo al Padre durante su ministerio terrenal fue una sumisión voluntaria para cumplir el plan de la redención.

Una esposa comprometida a obedecer a Dios y a vivir como una persona santa delante de Él no tiene que entregar su persona para honrar y someterse a su esposo. De hecho, cualquier marido con sentido común dará un giro de 180 grados para honrar y alabar a su esposa cuando ella le permita asumir el papel que Dios le ordenó que desempeñara.

Si ser ayudante honra a Dios y edifica sus matrimonios, ¿por qué no hay más esposas que lo hagan? Porque no se juntan con mujeres santas. En lugar de eso, reciben sus referencias de sus amigas incrédulas, o viendo la televisión blasfema, escuchando la radio impura, y leyendo libros profanos. Pedro dijo que una mujer que quiera que su matrimonio funcione debe pasar tiempo en buena compañía.

> EN LA BIBLIA, UN AYUDADOR ES ALGUIEN QUE SE ACERCA A OTRA PERSONA PARA ANIMARLA Y EDIFICARLA. EN JUAN 14:16 JESÚS LLAMÓ AL ESPÍRITU SANTO NUESTRO «AYUDADOR».

¿Dónde irá una esposa cristiana, sobre todo si es joven y hace poco que se ha casado, para hallar mujeres santas como éstas? La Biblia dice que debería encontrarlas en la Iglesia:

> «Las ancianas asimismo sean reverentes en su porte; no calumniadoras, no esclavas del vino, maestras del bien; que enseñen a las mujeres jóvenes a amar a sus maridos y a sus hijos, a ser prudentes, castas, cuidadosas de su casa, buenas, sujetas a sus maridos, para que la palabra de Dios no sea blasfemada» (Tit. 2:3-5).

Las mujeres maduras de las que habla este pasaje no son solo aquellas más mayores en edad, sino personas lo bastante maduras espiritualmente como para proporcionar un ejemplo santo. Si quiere obtener un consejo sobre cómo respetar a su marido y someterse a él, usted no irá a buscarlo a una persona que lleva cinco meses casada.

Lo que necesitan muchas esposas cristianas son mujeres maduras que, cuando las cosas van mal, no les digan «Chica, si fuera tú yo lo abandonaría» o «Yo no toleraría eso».

Por supuesto, no estamos diciendo que una esposa deba soportar las palizas o los abusos de un marido que está fuera de control, porque ella piense que eso es lo que Dios quiere que haga. No hay ninguna excusa para un comportamiento abusivo. Pero una esposa que quiera cumplir su llamado bíblico y ser la ayuda idónea para su esposo, necesita mujeres piadosas que le proporcionen una información sana sobre lo que significa ser una esposa santa.

Tito 2:5 nos ofrece la motivación definitiva para que las esposas contribuyan a edificar matrimonios santos. Dios no quiere que una mujer complazca a sus amigas de la sociedad o a sus compañeras de trabajo feministas. Lo que le interesa es la honra de su Palabra y la gloria de su nombre. Cuando los matrimonios no están sincronizados con la voluntad de Dios, el desastre aguarda a la vuelta de la esquina. Se corre el peligro de deshonrar el nombre de Dios.

El gran engaño de Satanás

Podemos ver cómo esa catástrofe afectó al primer matrimonio de la historia. Durante su tentación de Eva en el huerto del Edén, Satanás la convenció de que pasara por alto a Adán, ignorándole, y de que asumiera el papel de liderazgo que se suponía debía ejercer su marido (véase Gn. 3:1-6).

Adán cometió el error de manifestar su falta de liderazgo, y la Biblia dice que la responsabilidad última por la entrada del pecado en el mundo recayó sobre él. Todo hombre será responsable por el modo en que gestione lo que sucede en su hogar. Dios no le preguntará a un hombre por su esposa, sino sobre qué hizo con la responsabilidad del liderazgo que le fue dada. Como cabeza del hogar, la labor del marido consiste en administrar el hogar al analizar qué tiene lugar en él, con la intención de averiguar si se conforma a la Palabra de Dios.

Pero aun así, los actos de Eva en el Edén jugaron un papel esencial para provocar aquella catástrofe. El motivo de que diga que Eva ignoró a Adán al ceder a la tentación de Satanás es que, según Génesis 3:6, Adán estaba con ella cuando esto sucedió. Tendemos a pensar que Adán estaba ausente, pero la Biblia dice que le dio del fruto a su marido, «el cual comió así como ella».

En ese momento, Adán era un no-líder pasivo, que aparentemente no cumplió su papel cuando la serpiente tentó a Eva. Pero en lugar de entregar el liderato a Adán y obligarle a actuar, Eva se hizo con el poder e invirtió los roles. Cuando sucedió eso, cayeron en manos de Satanás.

El resultado, claro está, fue una maldición sobre todos los aspectos de la Creación, incluyendo la relación matrimonial. Dios dijo a Eva: «tu deseo será para tu marido, y él se enseñoreará de ti» (Gn. 3:16).

Algunas personas creen que esto se refiere al deseo sexual de la mujer, pero no significa eso. El deseo de la mujer sería dominar al hombre, y él también querría dominar, porque fue creado para eso. El resultado es lo que llamamos la lucha de los sexos, en la que la mujer se rebela contra los intentos que hace el hombre para ejercer autoridad sobre ella.

Esa batalla sigue en marcha hoy, como producto de la maldición. Pero cuando acudimos a Cristo, nos vemos redimidos de la maldición. Satanás no quiere que las esposas sepan que no tienen que seguir luchando para conseguir esa posición de liderazgo. No quiere que las esposas descubran que si honran a Dios mediante el respeto y el sometimiento a sus maridos, podrán dejar de luchar para ocupar una posición que nunca estuvieron destinadas a ocupar, y empezarán a disfrutar de la paz en sus corazones, incluso si sus maridos no reaccionan correctamente a su sumisión.

La confianza en Dios de una esposa

Pero hemos de decir una vez más que esto no pasa porque sí. La clave para que funcione, la motivación que impulsó a las mujeres santas del pasado a reverenciar a sus maridos, es que «esperaban en Dios» (1 P. 3:5). Dios quiere saber si una mujer confía en Él y cree realmente en su Palabra.

Centrar su confianza en el Señor significa que usted admite que está en juego algo más importante que el respeto por su marido. La Biblia dice a las esposas que se sometan a sus maridos «como al Señor» (Ef. 5:22).

Verá, en lo relativo a la autoridad, Dios está por encima de su marido. Ésta es la respuesta para quienes piensan que el marco bíblico hace de un hombre el gobernante absoluto de su reino, mientras su esposa y sus hijos son sus humildes siervos. Por eso una mujer debe oponerse a su marido cuando éste pretende obligarla a hacer algo que es contrario a la voluntad de Dios revelada claramente.

Ahora bien, eso es la excepción, porque Efesios 5 pasa a decir que una esposa debe estar sujeta a su marido «en todo» (v. 24). ¿Cómo puede hacer eso una esposa? Poniendo su fe en el Señor y alineándose con el orden que Él ha establecido.

Sé que a estas alturas puede que me diga: «Tony, tengo miedo de hacer eso porque temo que mi marido se aproveche de mi espíritu sumiso». Entiendo lo que me dice, y en un instante abordaremos ese temor, porque Dios también escucha lo que usted dice.

La confianza de una esposa debe estar en el Señor. Una cosa es confiar cuando las cosas van bien, y cuando un marido cumple su papel como líder y amante. Pero otra cosa muy distinta es confiar en Dios cuando el marido no está haciendo su parte. Por eso los ojos de una mujer deben estar fijos en el Señor, no en su marido. El punto de vista que tenga ella puede suponer toda la diferencia. Con su fe en Dios, una esposa puede ver cosas que otras no ven. La definición de hombre o mujer espiritual no es la de alguien que hace cosas espirituales, como leer la Biblia, orar o ir a la iglesia. La definición de un individuo espiritual es: alguien que ve las cosas espiritualmente.

Puede que usted mire a su esposo, o a otras personas de su alrededor, y diga: «La sumisión no tiene sentido». Pero cuando vea las cosas a través de los ojos de la fe, la vida se volverá más clara. Puede que no vea en su marido lo que quiere ver, pero si su mirada está en Cristo, nunca se sentirá decepcionada.

La entrega a Dios de una esposa

No cabe duda de que, cuando se casa, una mujer renuncia a determinadas cosas. En algunos casos, al apellido de su familia, a la independencia económica y personal que tenía cuando era soltera, e incluso hasta cierto punto a su destino, porque ahora su futuro está unido indisolublemente al de su marido.

Para algunas mujeres esto supone un problema, porque cuando su matrimonio no sale todo lo bien que ellas pensaban, invierten todo el tiempo en intentar recuperar aquello a lo que renunciaron. Y eso conlleva una batalla.

Cuando aconsejo a matrimonios así, a menudo descubro que una parte del problema, al menos, es que la esposa nunca ha honrado a su marido; y me refiero a algo cotidiano, no a una aceptación esporádica de su rol como líder.

Antes de que vaya a la guerra para recuperar todo lo que cedió, piense en lo que puede suceder si usted convierte en prioritario honrar a su esposo y someterse voluntariamente a él incluso cuando se equivoca. Lo que puede suceder es que, cuando ambos se hayan cohesionado bien según ordena Dios, usted se apartará para que Dios obre en su marido.

Pero si no cree que Dios pueda alcanzar a su esposo, seguirá interponiéndose entre ambos, bloqueando los actos de Dios en la vida de él. Cuando se entrega, Dios se hace cargo y libra la batalla por usted.

Hallamos una ilustración clásica de este principio en una historia del Antiguo Testamento, la de Nabal, Abigail y David, en 1 Samuel 25. Nabal era un granjero rico cuyos hombres y ganado fueron protegidos por los hombres de David mientras éste huía de Saúl. Pero cuando David envió hombres a Nabal para buscar suministros, como muestra de gratitud por la defensa de la propiedad de Nabal a manos de los hombres de David, Nabal los trató mal e insultó a David, despidiéndoles con las manos vacías y hambrientos.

> CUANDO AMBOS SE HAYAN COHESIONADO BIEN SEGÚN ORDENA DIOS, USTED SE APARTARÁ PARA QUE DIOS OBRE EN SU MARIDO.

David se enfureció, y planeó matar a Nabal por aquel desprecio y por su negativa a darles lo que necesitaban. Pero Nabal, cuyo nombre significa «necio», tenía una esposa muy sabia llamada Abigail. En cuanto ella se enteró de aquella necedad que había cometido su marido, llevó a David una gran cantidad de alimentos buenos de la granja, y le rogó que no pusiera en práctica su plan y dejase así una mancha en su futuro reinado.

David bendijo a Dios cuando se dio cuenta de

que Abigail le había impedido que se vengara de Nabal. Abigail salvó la vida de Nabal, pero la noticia de lo cerca que había estado de la muerte hizo que el necio corazón de Nabal comenzase a fallar. Murió diez días después, y la Biblia dice que fue Dios quien le hirió (v. 38).

La idea central es que Abigail hizo lo correcto al interceder por la vida de Nabal, aunque éste no mereciera su intercesión. En lugar de agravar el problema, Abigail abrió el camino para que Dios se encargara de su marido. Y el final de la historia fue que Abigail pasó de ser la esposa de un necio a ser la consorte de un rey, cuando David se casó con ella.

Pedro tenía en mente un ejemplo de una entrega piadosa cuando escribió su primera epístola: «como Sara obedecía a Abraham, llamándole señor» (1 P. 3:6*a*). Detengámonos aquí.

Al leer este pasaje, normalmente la gente se queda atascada en el término «señor», que nos hace pensar que Abraham era una especie de jeque de Oriente Medio que esperaba que quienes le rodeaban se inclinasen ante él. En las películas que ponen en televisión de madrugada podemos ver cosas así, pero éste no fue el caso.

Aquel era un término de respeto que Sara usaba para honrar a Abraham. En otras palabras, su respeto era verbal, no solo visual. Honraba a su marido con palabras y con obras.

Cuando enciende la televisión, usted no quiere obtener una imagen sin sonido, o viceversa. Para aprovechar al máximo la televisión, hace falta tanto la imagen como el sonido. El honor que siente una esposa por su marido debe ser igual.

Si conoce usted la historia de Abraham y Sara, recordará que Abraham no siempre mereció el respeto de su esposa. En dos ocasiones, Génesis 12 y 20, Abraham se amedrentó y mintió a reyes extranjeros sobre el vínculo que le unía a Sara, porque pensó que estaba en peligro su vida. Los actos de Abraham pusieron en peligro en ambos casos la pureza de Sara. Dios intervino en dos reinos para proteger a Sara, y aun así ella siguió hablando y tratando a Abraham con respeto.

Cuando Dios dispone de una mujer con la que trabajar que está dispuesta a entregarse a Él, moverá montañas y acabará con reinos cuando sea necesario, todo para beneficiarla. Pero el mayor ejemplo de esto en la vida de Sara no son las dos ocasiones que acabo de mencionar, sino el nacimiento milagroso de Isaac.

El nacimiento de Isaac fue un milagro porque Sara tenía noventa años y Abraham cien. Dios dijo primero a Abraham que él y Sara iban a tener un hijo, y Abraham se echó a reír (véase Gn. 17:15-17).

Entonces Dios regresó más tarde y le volvió a decir a Abraham que Sara iba a tener un hijo. Esta vez Sara, que escuchó la promesa, fue quien se rió (Gn. 18:10-12). Se rió porque Abraham era incluso más viejo que ella, y no estaba en condiciones de engendrar un hijo. Sara se rió porque, desde el punto de vista humano, tener un hijo con Abraham era imposible.

En otras palabras, Sara no se rió porque se negase a creer que Dios podía hacer lo imposible. El Señor respondió a su risa diciendo a Abraham: «¿Hay para Dios alguna cosa difícil?» (Gn. 18:14).

Esto concluyó el asunto para Abraham y Sara. ¿Que como lo sé? Porque el autor de Hebreos escribió: «Por la fe también la misma Sara, siendo estéril, recibió fuerza para concebir; y dio a luz aun fuera del tiempo de la edad, porque creyó que era fiel quien lo había prometido» (He. 11:11).

Lo que esto nos dice es que, después de un instante de duda comprensible, aquel día, cuando escuchó a Dios prometerle a su marido lo imposible, Sara se entregó al Señor y a Abraham en su tienda. Si usted es una esposa que tiene que tratar a un marido aparentemente imposible, dentro de un matrimonio que también lo es, quizá sea hora de que le diga a Dios: «Señor, incluso si esta situación no cambia, quiero dejar de dudar y comenzar a confiar en ti».

La libertad de la entrega

Ahora ya estamos listos para la que, quizá, sea la mejor parte de este tema de la sumisión de la esposa y su reverencia por su marido. A la mujer que está dispuesta a confiarse a sí misma y su matrimonio al Señor le aguarda la liberación del temor.

Para la mayoría de nosotros, la entrega y la libertad son cosas que no van juntas. Después de todo, ¿qué pasa cuando un fugitivo o un soldado se entrega? Que pierde la libertad, y acaba en la cárcel o en un campo de prisioneros.

Pero para la mujer que desea ser una esposa piadosa, la verdad es lo contrario. Cuando toma la determinación de entregarse al plan de Dios mediante la honra y el respeto a su marido, descubre la verdadera libertad. La segunda mitad de 1 Pedro 3:6 dice: «de la cual [Sara] vosotras habéis venido a ser hijas, si hacéis el bien, sin temer ninguna amenaza».

¿A qué temor se refiere? Ya aludimos antes a él. Es el temor de la esposa que dice: «Me da miedo someterme a mi esposo porque temo que se aproveche de mí y utilice mi sometimiento para controlarme. Así que pienso conservar parte de mi control, de modo que él no pueda explotarme».

Este tipo de reacción es muy natural. A todos nos da miedo pensar en renunciar al control y ceder nuestros derechos y nuestras preferencias a otras personas.

> CUANDO DIOS DISPONE DE UNA MUJER CON LA QUE TRABAJAR QUE ESTÁ DISPUESTA A ENTREGARSE A ÉL, MOVERÁ MONTAÑAS Y ACABARÁ CON REINOS CUANDO SEA NECESARIO, TODO PARA BENEFICIARLA.

Pero aquí no hablamos de un matrimonio natural, sino de uno sobrenatural. Todo el mundo puede tener un matrimonio natural, es decir, uno en que el marido y su mujer estén en conflicto y exista una lucha constante para obtener el control, involucrando «mis derechos y lo que yo quiero».

Pero Dios tiene un mensaje de tranquilidad para

la esposa que desee hacer las cosas como Él quiere. «No tienes nada que temer, porque veo tu corazón y sé dónde te encuentras. No te pierdo de vista, no dejo de cuidarte. Puedo tratar con tu marido si aceptas mi voluntad y quieres que se cumpla».

Recuerde a Sara. Estaba metida en una tienda, en mitad de ninguna parte, en una tierra desolada a la que había acudido junto a Abraham. Estaba casada con un hombre que tenía sus momentos de debilidad, a pesar de ser un gran hombre de fe.

Lo que es más: Sara era demasiado mayor como para tener la esperanza de dar a luz, y Abraham era incluso más viejo y menos capaz de engendrar un hijo. Pero Sara creía que Dios podía sacar un bebé de dos cuerpos medio muertos. Dios vio el corazón de Sara, supo dónde estaba, y ella obtuvo el milagro.

Puede que usted diga: «Sí, eso lo ha entendido bien. Haría falta un milagro para que mi esposo se convirtiese en el líder espiritual y el amante comprensivo del que habla la Biblia. Quisiera verlo, pero me da miedo entregarme».

La respuesta de Dios es: «No tengas miedo. Veo tu corazón y sé dónde estás. Confía en mí».

Si usted desea obedecer a Dios honrando a su esposo, no debe temer a nadie ni ninguna circunstancia. No permita que ningún temor le impida experimentar lo mejor que Dios puede hacer en su matrimonio. Sea fiel y paciente, sabiendo que mientras usted confía en Dios para que introduzca cambios en su matrimonio, Él la cambiará para que viva bien dentro de éste, hasta que llegue el momento de recibir su milagro.

Solo para esposos
Tres principios para amar a su esposa
Tony Evans

Solo para esposas

Tres principios para honrar a su esposo

Tony Evans

EDITORIAL PORTAVOZ

La misión de Editorial Portavoz consiste en proporcionar productos de calidad —con integridad y excelencia—, desde una perspectiva bíblica y confiable, que animen a las personas a conocer y servir a Jesucristo.

Título del original: *For Married Women Only* © 2010 por Anthony T. Evans y publicado por Moody Publishers, 820 N. LaSalle Boulevard, Chicago, IL 60610. Traducido con permiso.

Edición en castellano: *Solo para esposas* © 2011 por Editorial Portavoz, filial de Kregel Inc., Grand Rapids, Michigan 49505. Todos los derechos reservados.

Traducción: Daniel Menezo

EDITORIAL PORTAVOZ
2450 Oak Industrial Dr. NE
Grand Rapids, Michigan 49505 USA
Visítenos en: www.portavoz.com

978-0-8254-1235-6
978-0-8254-0385-9 Kindle
978-0-8254-8479-7 epub

3 4 5 6 / 22 21

Impreso en los Estados Unidos de América
Printed in the United States of America